重慶大厦

CHUNGKING MANSIONS

重慶大厦百景

河畑悠

彩図社

はじめに

　おそらくアジアを旅するバックパッカーで、その巨大雑居ビルの名前を聞いたことがない人はいないだろう。そしてその何割かの人は、聞くだけではなく実際にそのビルを訪れ、足を踏み入れたことがあるはずだ。あるいは訪れるだけではなく、何日か滞在してみたこともあるかもしれない。もちろんバックパッカーに限らず、高級ホテルに宿泊しているような観光客も例外ではない。両替をしに、カレーを食べに、単に観光地を巡るノリで見物に。さまざまな理由で、人はその独特の雰囲気を漂わせた雑居ビルに引き寄せられる。賑やかで雑多でどこか妖しい、まるで香港という地を凝縮したようなこのビルは、そうして誕生から60余年が過ぎた今も、世界中から旅行者を惹きつけている。

　本書は、この不思議な魅力を放つ重慶大厦という多国籍ビルを、計3週間ほどの期間にわたって滞在し撮影した記録である。重慶大厦という多民族が共生する、雑多で猥雑でそしてとにかくひたすらに面白い（自分にとっては）複合ビルの姿を、そのまま捉えてみようと試みたものだ。写真は、旅行者としての視点と取材者という視点、両方から収めたもののミックスで、

1章と2章、4章と6章ではその全体像と特徴に、3章と5章ではそこで働く人々や集まる人々に主にフォーカスを当てて構成している。写真の間に挿入された文章は、重慶大厦の管理事務所に所属し外部とのパイプ役を担う張嘉源氏と同事務所マネージャーの蔡澎澎氏に取材した内容を基にまとめたものだ。

　言うまでもないが、本書で紹介しているのはあくまで重慶大厦という多様性の塊のようなビルの一側面であり、そのすべてではない。何しろ120以上の国や地域の人々の集合体である。きっとそこには、まだまだ知られざる顔があるに違いない。ただ、そこに漂う猥雑でエネルギーにあふれた空気と喧噪の欠片を、本書で少しでも感じてもらうことができればうれしい。

　なお、本書の取材はコロナ禍以前の2019年春から秋までの期間に行われた。文中に出てくる年齢や金額、年数などの数字はすべて当時のものである。コロナ禍という世界規模での非常事態の影響は当然香港、そして重慶大厦にも及んでいるはずで、ここに収められている内容はそうした現状を反映したものではないが、これも当時の状況を記録した重慶大厦のひとつの顔として読んでいただければ幸いである。

目次

第一章 重慶大厦とは

アジア有数の多国籍エリアとして、その名を轟かせる重慶大厦。

妖しく不思議な魅力で人々を惹きつけるこのビルは、

はたしていつ、どのような目的で誕生したのだろうか。

香港・九龍のネイザンロード沿いと抜群の好立地にそびえる重慶大厦。近隣にはザ・ペニンシュラ香港や、ルイ・ヴィトン、グッチなどの高級ブランドショップが並ぶ。

高級住宅だった重慶大厦

重慶大厦は、香港・九龍サイドの目抜き通り「彌敦道（ネイザンロード）」沿いに位置する巨大複合ビルだ。正面から見るとひとつのビルのようだが、実際は 17 階建ての３つのビルの複合体で、A 棟〜E 棟の5棟（座）で構成されている。

内部にはゲストハウスをはじめ、飲食店や雑貨店、電子部品店、両替商など多様な店が軒を連ねる。そこにはさまざまな国籍の人間が蝟集し、どこか妖しいエスニックな芳香を醸し出している。安宿が密集している性格上、バックパッカーには昔からの定番スポットだが、香港随一の繁華街・尖沙咀の MTR 駅からすぐというアクセスの良さもあって観光や食事目的の訪問者も多く、アジア有数の多国籍エリアとしてその名を轟かせている。

重慶大厦が誕生したのはいつのことなのか。重慶大厦内の管理事務所で働くメディア対応担当の張嘉源（Dennis Cheung）氏や同事務所マネージャーの蔡澎澎（Matthew Tsoi）氏によると、誕生は1961年。初代オーナーはフィリピン在住の中国人で、もともとは高級マンションとして造られたという。

なお「重慶大厦」という名前の由来については諸説あるが、張嘉源氏によると、当時のオーナーが中国と香港がさらに良い状況になることを祈ってつけたものだという。「『慶』は祝うという意味。『重』は重ねる、つまり『もっと』という意味です」（マンション建設前の同地には『重慶市場』という名の市場が存在しており、こちらを由来とする説もある）。

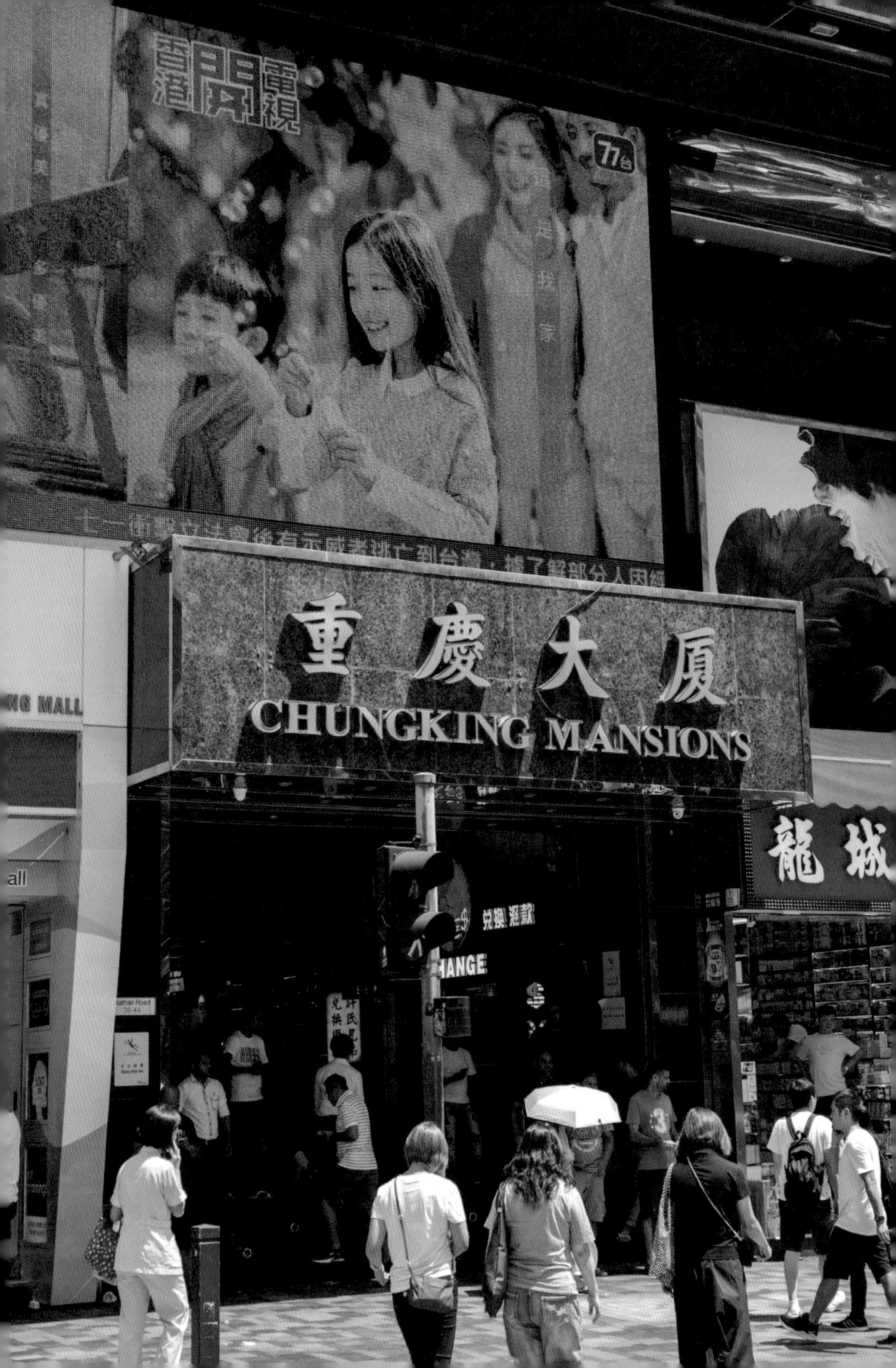
77台
重慶大厦
CHUNGKING MANSIONS
龍城

高級マンションから安宿ビルへ

1961年の完成時、尖沙咀一帯には低層ビルしか存在しておらず、重慶大厦はこの付近で最も大きな建物だった。当時は香港が発展の一途を辿っていたころで、初代オーナー氏は、海が近くにある関係で多くの外国人が集まる尖沙咀はビジネスを行ううえで有利と判断し、この地にマンションを建設することを着想。かくして、巨大雑居ビル・重慶大厦が誕生することとなった──という。

前述のとおり、もともとは高級住宅としてスタートした重慶大厦だったが、現在500戸近くある中で実際に純粋な住居として使われているのはわずか30戸ほどとされる。あとの内訳は6割がゲストハウス、2割が飲食店で、残りはスタッフの休憩部屋や厨房、服飾店などだ。

高級住宅だった重慶大厦が現在のような安宿ひしめくビルになった背景には、張嘉源氏によると、香港と同じくかつてイギリス領の、警察や商人として香港に移住してきたインド人、パキスタン人の存在が大きいという。「昔、尖沙咀は外国の大きな船が停泊する港で、世界中から人が集まっていました。当時警察の本部がこの地にあったため、インド人も船で香港に来た際、この辺りに集まったんです」。

インド人やパキスタン人の多くが尖沙咀、そして重慶大厦に住居を構えるようになると、彼らは次第に母国から家族や友人を呼び寄せ、大人数でも宿泊しやすいように部屋を改装するようになる。ゲストハウスの増加はそうした流れから生まれた現象だったようだ。

なお、重慶大厦の内外装についても一言触れておくと、重慶大厦は過去に数回の改装工事を実施している。2009年から2011年にかけて外装面で大規模な改装を実施したほか、2014年には内装もリニューアル。現在、正面玄関に掲げられている巨大な看板も改装時に作られたもので、2011年から設置されているということである。

2001年ごろの重慶大厦。全面的に古びており、その後のリニューアルで劇的にきれいになったことが分かる。

重慶大厦にはコスメショップ「Sasa」やファーストフード「大家楽」などが入るショッピングモールも併設されている。入り口は正面玄関の隣。小規模なネイルサロンなども多く、家族連れや若者客で賑わう。

重慶大厦の脇の路地には土産物屋など露天商が店を構える

脇の路地を歩くと、重慶大厦の中で働く人と
すれ違う。旅行者の姿はあまり見かけない。

A座3階から外に出ると、3つのビルに
囲まれた開放的な空間が広がっている。

第二章 重慶大厦の昼

世界中からさまざまな国籍の人種が集う重慶大厦。人々は、何を目的にこの雑居ビルを目指すのだろうか。

重慶大厦に集う人々

　多国籍ビル、重慶大厦には観光客も含めて120カ国以上もの国籍の人々が集まっているとされている。労働者で言えば、多くを占めるのは香港人や中国人、そしてインド人、パキスタン人、ネパール人。さらにガーナ、ナイジェリア、コンゴ、ウガンダ、タンザニアなどアフリカ系の人々も少なくない。

　重慶大厦を訪れる人の数は、土日のピーク時には1万人規模にまでのぼると言われている。たとえばA〜E座のゲストハウスの部屋数の合計が約2500室なので、一部屋に2人の客が宿泊した場合、単純計算で5000人。そこに住人やビル内で働く従業員の数を足すと1万人近くになるという計算である。

　観光客の内訳を見ると、コロナ禍以前の2019年秋の時点では、圧倒的多数を占めていたのは中国人であり、張嘉源氏によると半数以上にまで達していたという。

　そのように中国人観光客が激増したのは、中国から香港への個人旅行が開放された2003年以降のこと。以前はせいぜい全体の2割ほどを占めるにすぎなかったが、往来のハードルが下がったことで全体の6〜7割を占めるまでに激増した。重慶大厦のゲストハウスの部屋数はここ十数年で大幅に増加したが、その背景にはやはり中国人観光客の増加の影響があるという。

　重慶大厦に宿泊する観光客の変遷を見てみると、今から30年以上の昔、80年

代は欧米のバックパッカーが中心だった。それが90年代に入ると『深夜特急』や『恋する惑星（Chungking Express）』（原題は『重慶森林』）など重慶大厦が登場するドラマや映画の影響で日本人観光客の姿

両替店が多いのも重慶大厦の特徴。レートは店ごとに異なるので、旅行者はできるだけ良いレートを求めてチェックして回る。

が多く見られるようになる。2000年代には、インターネットでの宿泊予約が可能になったことで、世界中から客が訪れる定番の安宿スポットとして広く知られるようになった。「時期によって訪れる人の傾向も変わる」と張嘉源氏。「たとえば、夏休みの時期は台湾の学生が遊びに来ます。香港政府の数字を見ると、1年間の香港を訪れる観光客の6割以上は中国人。重慶大厦も同じような数だということですね」。

$10 FOR 1 PC SALE SALE SLEEPERS

24 小時閉路
電視錄影系統
24 HRS CCTV
RECORDING

嚴禁吐痰

تھوکنا منع ہے

NO SPITTING

This building is equipped witth CCTV
24-hours recording system

本大廈已裝置閉路電視
24小時錄影系統

Plesae tie your garbage and dump it
in the ring at the back staircase

請將垃圾包妥，並置於後樓梯之
垃圾收集圍內

Cigarettes & objects dropped from
window is strictly prohibited

嚴禁高空拋擲物件及煙蒂

No smoking
嚴禁吸煙

重慶大廈管理處示
Management Office

仕事でマレーシアから来たという6人組。宿泊しているのはシャングリラで、重慶大厦にはチャイを飲みに来た。深夜0時過ぎ、重慶大厦 G/F のインド・フィリピン料理店にて。

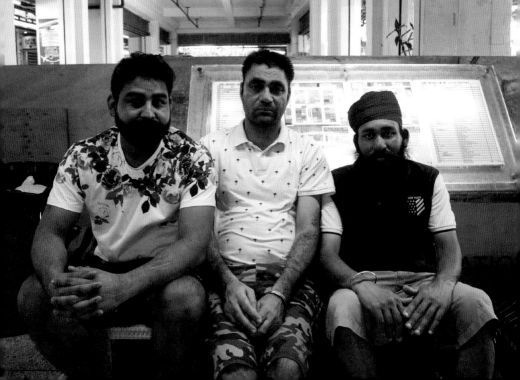

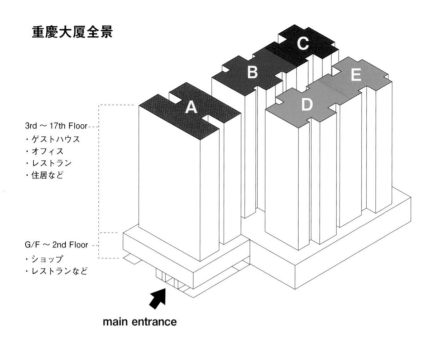

重慶大厦全景

3rd ～ 17th Floor
・ゲストハウス
・オフィス
・レストラン
・住居など

G/F ～ 2nd Floor
・ショップ
・レストランなど

main entrance

重慶大厦は５つの座からなる

　重慶大厦はネイザンロードに正対する「A座」とその奥の「B・C座」「D・E座」の５つの座、３つのビルで構成されている。基本的な構造としては、グランドフロアから２階（日本の１～３階に相当。グランドフロアは以下G/Fと表記）は飲食店や両替店、服飾店、電子部品店、雑貨店、ショッピングモールなどが入り、各座ともそれ以上は主にゲストハウスで占められている。３階以上は原則的に座間での横移動ができないが、G/Fと１階は各座の区切りがなく、自由な行き来が可能となっている。

　最も人が集中するG/Fは玄関から中に入ると正面に服務台（サービスカウンター）があり、奥には１階へと続く細い階段がある。現在は階段だが、張嘉源氏によるとかつてこの場所に香港最古のエスカレーターがあったという。１階には、中央にG/Fの様子が見える大きな空間があり、その空間をぐるりと囲むように店舗が並ぶ。さらに上階へ行く場合、エレベーター以外の手段としては各座の非常階段を使って上がることもできる。

　周囲についても一言触れておくと、重慶大厦と隣のビル間の路地は通行できるので、その気になれば重慶大厦全体をぐるりと一周することも可能だ。途中にはいくつかの入り口があり、正門玄関以外からでもビル内へ入ることができるようになっている。

G/F 中央の服務台裏の階段。かつてここには
香港最古のエスカレーターがあったという。

重慶大厦のエレベーター

　重慶大厦という極めて個性的な雑居ビルを語るうえで外せないのが、座ごとに設置されたエレベーターだ。一見すると一般的なエレベーターだが、その独特のシステムと待ち時間の長さから、重慶大厦を象徴するひとつの名物となっている。

　エレベーターはひとつの座につき2基並んで設置されているが、偶数階用と奇数階用に分けられているため、目的階へ到着できるのはどちらか1基だけ。たとえばG/Fから「E座の17階」に行く場合、まずE座のエレベーター前に行き、さらに奇数階側に並んで待つ必要がある。つまり、5座合計で10基あるエレベーター

エレベーター脇には各座ごとの階案内が掲示されている。向かって右が奇数階、左が偶数階。モニターにはエレベーター内の様子がリアルタイムで映される。

の中で、目的の階に到達することができるのはわずか1基のみということになる。

待ち時間の長さは類を見ないほどで、特に混雑する昼のピークの時間帯では、上層階では10分近く待つことも珍しくない（7〜8人も乗れば満杯になるため、しばしば電光板に「FULL」と表示され、素通りされてしまうこともある）。このため、上階では諦めて階段で下の階へ降りていく宿泊者の姿もときおり見られる。なお、G/Fのエレベーター前には専用のモニターが設置されており、待ち時間にエレベーター内の様子を見ることができる仕組みになっている。

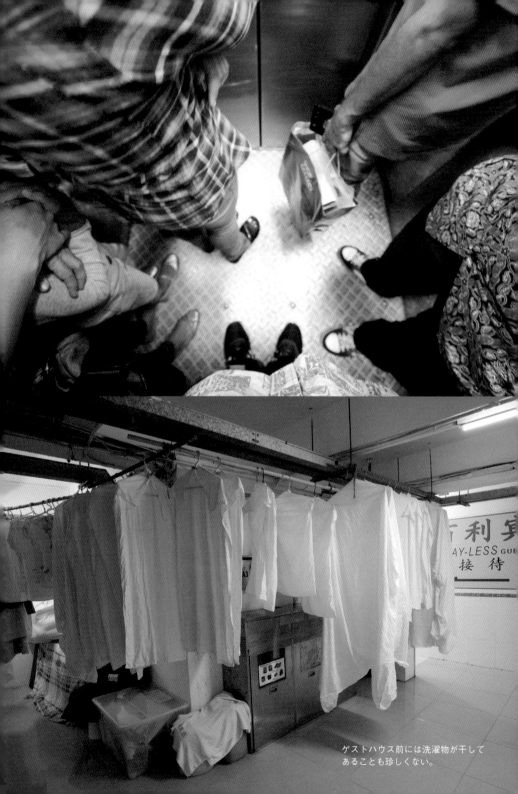

ゲストハウス前には洗濯物が干して
あることも珍しくない。

重慶大厦の所有者

　重慶大厦は現在、何人もの"オーナー"がそれぞれの物件を所有する形で成り立っている。たとえば張嘉源氏の母親もそのひとりで、母親が購入した部屋に親子で住んでいる。後の章で詳述するが、張嘉源氏が所属する管理事務所もそうしたオーナーたちの集まりで作られた団体（重慶大厦業主立案法團）によって運営さ

れている。

　オーナーには張嘉源氏の母親のように、純粋に居住するために部屋を購入する人もいれば、ビジネスを目的とする人も多い。特にここ十数年の間に部屋を手に入れた人は、ほとんどがビジネス目的だという。

　「中国などさまざまな国からの観光客が

増えたので、この周辺でホテルビジネスを手掛けている人たちが重慶大廈の部屋を買い、ホテルやゲストハウスに作り変えました。今では、住むためにこのマンションの部屋をわざわざ買う人はほとんどいません」。

　家賃は当然所有する物件によって異なるが、たとえば6〜7部屋規模のゲストハウスの場合、月額1万8000香港ドル（約25万円）程度が相場。飲食店の場合はやや下がり、1万6000香港ドル程度。高いところでは2万香港ドル以上のケースもあるが、建物自体が古いため、高い家賃を設定しづらい事情があるようだ。そのため、重慶大廈は尖沙咀のほかのビルとの比較でも安い設定になっているという。

部屋の中にはベッドと、そしてなぜか仕切られていない状態で湯舟が設置されている。独特の発想だ。

重慶大厦の宿

　重慶大厦はさまざまな業態の店がひしめき合っているが、その約6割を占めるのはゲストハウスであり、いわば巨大な"安宿ビル"という見方もできる。ゲストハウスは一見みな同じようでも部屋数、部屋の広さ、客層、価格、清潔度などでそれぞれに異なっており、旅行者が宿の選択に不自由することはない。部屋は一般的なシングルルームの場合、簡素なベッドにトイレ付きシャワールーム、カードキーというシンプルな構成が一例。だが、中には奇抜なデザインで異彩を放つ個性的な宿もある。

　A座4、5階のフロアすべてを使用し、75部屋と重慶大厦でも指折りの規模を誇る「四季陽光國際酒店」（元重慶招待所）もそのひとつだ。ゲストハウスの創業は1965年。2代目のオーナーとなる香港出身の莫氏は香港では尖沙咀や銅鑼湾などでもホテルを経営しており「四季陽光國際酒店」は15軒目にあたる。莫氏は2018年に前オーナーから権利を買い取り、250万USドルを投じて大規模なリニューアルを実施。桜や浮世絵など日本的な要素をふんだんに取り入れた部屋や丸型のダブルベッド、カラフルでポップな色遣いのソファーなどユニークな発想で差別化を図っている。こうした日本スタイルの部屋は日本人観光客を意識したものではなく、日本が好きな外国人や香港人向けに作り上げたもの。なお、ゲストハウスのレイアウトは映画『恋する惑星』に登場するホテルと同じレイアウトにしているという。

第三章

重慶大厦の人々

重慶大厦内で行われているビジネスは実に多彩だ。ゲストハウスをはじめ、飲食店、両替店、雑貨店、理髪店、服飾店、旅行代理店……さまざまな国籍の人々がさまざまな商売を行い、旅行者を惹きつける。重慶大厦で働く人々に話を聞いた。

謝紹豪（72）

土産物店経営　香港出身

　42年前、30歳のときに重慶大厦で店を始めた。この場所に店を構えたのは、ビルが有名で、観光客が多かったから。開店当初は今よりも賑やかで、「昔の方が商売するには良かったね。今は、この階で働くのはインド人、パキスタン人が90％、香港人は10％。香港人はおじいさん、おばあさんだね。若い人はこの辺で働かないね、夏は暑いし、クーラーはないし」。

　1970年代は日本人観光客も多く、1年半日本語を勉強した。日本へは4度、旅行したこともある。初めて日本に行ったのは1973年のことで、そのときは伊丹空港に降り、大阪の新阪急ホテルに泊まった。遊びと商売、両方の目的で約3週間、あちこちを見て回った。「奈良は鹿が多く、京都はお寺がいっぱいあったね。富士山も見たよ。横浜は港がきれいだね」とそのときのことは今も覚えている。

　現在、店で並べているのは絵皿に彫刻、扇子、財布などのさまざまな種類の土産物。これらはすべて中国から仕入れている。「中国の工場は家賃が安いからね。みんな中国製。香港Tシャツとか香港の記念品が人気だね」。営業は朝10時から夜8時まで。休日は月に1日だけと、ほぼ休みなしで店に立つ。だが、今では息子に子どもが生まれ、4歳になる孫もできた。だから、この店はあと3年、と決めている。

Iqual PETER (68)

レストラン経営　香港出身

　E座7階の狭い通路の奥で、インドレストラン「Khyber Pass Mess Club」を経営する。

　ドアの中央には「MEMBERS ONLY」と記されているが、一見客の利用もオーケー。「メンバーオンリーとあるけど、すぐ会員になれるんです。初めての人でも大丈夫」と笑う。

　パキスタン人の父が香港に来たのは1938年のこと。警察官だった父と中国人の母が結婚し、この世に生を受けた。自身もはじめはレストランではなく警察の仕事をしていたが、当時はあまり存在していなかったインド、パキスタン料理の店を求める人たちのために、開業を決意。友人のセレブな女性の協力を得て、1991年に「インド、パキスタン、香港の要素をミックスしたような形態」の店を開いた。現在は一店のみだが、当時はほかに二部屋を借りてレストランを開いていたほど盛況で、「当時、このレストランはとても有名で、セレブや上流階級の人たちがみんなここに食事をしに来たんです。香港のテレビ局や俳優もたくさん来ましたよ。アンディ・ラウも来たんだ（笑）」。

　現在、レストランを訪れる客の多くは地元の香港人や中国人、イギリス人。夜はパキスタン人やインド人が多くなるという。重慶大廈内での営業にセキュリティー面の不安もなく、特に不便は感じていない。「重慶大廈は世界中で2番目の連合国（笑）。一番はアメリカです。新聞

やニュースは大げさに報じて、些細なことでも悪く書くけど、ここは安全な場所だと思っています。日本人の観光客はあまり来ないけど、香港在住の日本人客はよく来ますよ。初めて重慶大廈に来た時は、冷房もなく、暑くて汚かったけど、今はだいぶ良くなりましたね」

「MEMBERS ONLY」とあるが初訪問でもOK

手前は「バターチキンカレー」（86香港ドル）

VANDANA (71)

香水・雑貨店経営　インド（コルカタ）出身

　1977年から重慶大厦で香水・雑貨店「MORNING STAR CO.」を営む。香港に来たきっかけは夫との結婚。香港に住んでいた夫とインドで出会い、結婚してともにこの地で暮らすことになった。

　昔は重慶大厦のほかの場所にオーナーとして店を構えていたが、息子と娘の留学費用を捻出するために売却。現在は別のオーナーに店を借りる形で商いを行っている。2人の子どもは無事アメリカの大学を卒業し、現在もアメリカに暮らす息子は、ときおり店に戻ってきては管理業務などを手伝っている。

　今はイタリアやフランスなどから輸入した香水が売り物の柱だ。香水はコピー品を売る店も多いが、「この店は本物ばかり」。映画のDVDなども扱っているが、スマートフォンで手軽に鑑賞できるようになった今、かつてほどの売り上げはない。現在は商売がどんどん難しくなっていると感じており、「今持っている品物をほとんど売ったら、この店を閉めるかもしれません」とさびしくほほ笑む。だが、隠居すると決めているわけでもなく、「もしかしたらほかの場所に引っ越して商売する可能性も、なくはありませんが」。

Kulbir Singh Dhaliwal（52、写真左）

食品小売・間屋経営　インド出身

　約30年前にインドから香港へ。食品類
を扱う「NEW DELHI STORE」での肩書
はマネージャー。同じくマネージャーの
Jackie 氏とは義理の家族で、2人の父か
ら同店を引き継いだ。義父は1973年に香
港の別の場所で店を開き、それから度重
なる移転を経て、1975年ごろに重慶大厦
に多くのインド人が見られるようになっ
たため、この場所に移転してきたのだと
いう。

　店では卸も行っており、顧客はインド
人、パキスタン人、ネパール人、中華料
理店やホテルまでと幅広い。商品はイン
ド、カナダやパキスタン、シンガポール
などさまざまな国から輸入している。

　「重慶大厦は"リトルインディア"と言
われています。インドやパキスタンの品
物が売られているのは重慶大厦ならでは
ですね。トラブルは一度もありません」

Paul Geraldo (49)

レストラン経営　ガーナ出身

　香港に来たのは今から20年前の2000年。仕事でガーナと香港を行き来する日々を送っていたが、「香港が大好きだから」と移り住んだ。

　レストランの開業前は、食品関連の輸出業や建築関係の仕事を経験。その後、家賃が安く、世界中からいろいろな国籍の客が来ることに魅力を感じ、約4年前に重慶大厦にアフリカ料理とフィリピン料理を提供するレストランをオープンする。レストランは以前、中国でも7年間にわたってアフリカ料理店を開いていた経験もあり、未経験ではない。「重慶大厦にはガーナ、ナイジェリア、コンゴ、ウガンダ、タンザニア、ケニアなどたくさんのアフリカ人がいるんだ。そうしたアフリカの客も多いし、中国や、いろいろな国のお客が来るよ」。

　経営する「Paul's Kitchen」は、派手派手しい色遣いの店が目立つ重慶大厦内では珍しい、白ベースのポップなデザイン。以前はただの事務所だった物件を、大金を投じてすべてイチからデザインしたという。

　重慶大厦という特殊な場所でのレストランの経営だが、特に問題は感じていない。「どんなビジネスでもそうだけど、ときどき、この辺りでも人が揉めていることはあるね。でも、そういうときはみんなで一緒に解決して、周りの環境を良くするように、みんなで努力しているよ。だから大きな問題は別にないね」。

アフリカンレストラン「Paul's Kitchen」

調理場ではアシスタントの女性も腕を振るう

人気のアフリカンフード「Light Soup」（70 香港ドル）

梁（70）

絵画販売業　香港出身

　重慶大厦の脇の路地で、もう40年も前からこの商売を続けている。

　絵を売るためにこの場所を選んだ理由はもちろん、重慶大厦が世界中から観光客が集まる一大観光地だったから。だが、時代が変わり、以前とは売り上げも大きく変わることとなった。「昔の方が良かったね」。

　売り物の絵は、香港の夜景や街並みが描かれたものが多く、大小さまざまなサイズを取り揃えている。

　「どうやって絵を仕入れているかは秘密だよ！」。

仁林樹 (49)

重慶大厦管理事務所スタッフ　香港出身

　1999年、29歳のときに重慶大厦がスタッフを募集していることを知り、宝石販売業の会社から転職。以来、20年にわたり重慶大厦とともに時を過ごす。管理事務所に勤めるスタッフの中でも一番の古株だ。

　勤務時間は午前10時から午後8時まで。仕事の内容は「"なんでも屋"という感じ」で、ビル内の警備やサービスカウンターでの観光客の対応、電気や水道トラブルへの対応など多岐にわたり、事件が起これば警察とともに対応もする。基本的にはG/Fのサービスカウンターに座

り、何かあれば現場へ向かう。世界中から集まる夥しい数の観光客に対応しているが、別に苦労は感じていない。揉めごとも多いが「みんな知っているから、解決することは難しくありません」。

陳國從 (61)

合鍵店経営　香港出身

　今は亡き父から合鍵屋を継いだのは、約
6年前。この店は1970年ごろ、重慶大厦
の周辺に住んでいた祖父が開業し、自身
は4代目にあたる。「祖父は8人子どもが
いたので、次の代はその8人が順番で店を
回していたそうです」。以前は製版の仕事
に従事していたが、父の死をきっかけに
店を継ぐことを決意した。

　仕事の内容は、注文を受けて合鍵を作
り、渡すこと。もっとも多く訪れる客は、
重慶大厦上階のゲストハウスに滞在する
旅行者。ゲストハウスは、部屋に合鍵がな
い場合、客をここに案内して鍵を作らせ
るのだ。「ゲストハウスは、お客さんが鍵
を返さずにそのまま去っても別に構わな
いんです。それで、またお客さんが鍵を作
りに来る。私は商売になるので嬉しいで
すけど(笑)」。ゲストハウスの客以外にも、
ビル内のインドカレー屋などが開店時に
買いに来ることもあるという。

　以前は家族で重慶大厦の周辺に住んで
いたが、今は香港島に移り、重慶大厦まで
通勤する日々を送っている。重慶大厦は
1970〜80年代ごろがもっとも景気が良
かったと感じており、父が店主を務めてい
た当時はほかにも店を持ち、鍵以外にスー
ツケースやおもちゃなどいろいろな商品
を扱っていたという。

　今の重慶大厦については、「時代も変わ
り、商売のやり方も変わりました。商売は
だんだん難しくなっている」と見通しは
暗い。父から受け継いだ仕事ゆえ、なんと

か続けたいが、店を閉め、別の場所で小さ
な鍵屋を続けることも考えている。「今の
時代、このビルはそろそろ終わりになるよ
うな気もしています。このビルの中の人と
外の人は別世界な感じ。ここで買い物をす
る人は生活水準の低い人だから、高いもの
は買えません。商売もだんだん難しくなる
のではないでしょうか」

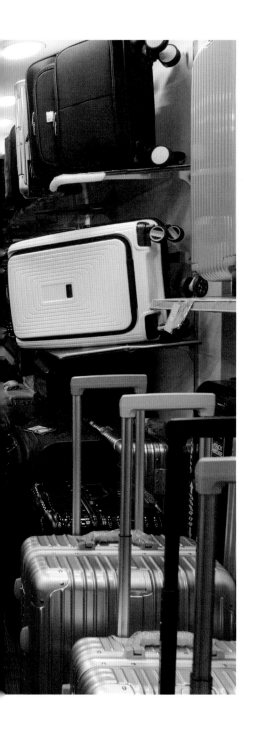

郭世寧（58）
鞄販売店経営　中国（福建省）出身

　中国の福建省から香港に来たのは今から40年前、18歳のとき。70年代の中国で職に就くのは難しく、仕事を探して香港の地を踏んだ。

　紆余曲折を経て、20年前に重慶大厦に最初の店を出した。服飾品など当時流行していたさまざまなものをアフリカなどへ輸出する貿易商。だが次第に風向きが悪くなり、4年ほど前に商売替えを決意。店の権利を買い、観光客相手のスーツケース店に舵を切った。「今、このマンションで商売できるのは、レストラン、両替、そしてこういうスーツケース店ですね」。

　香港の最新のビジネスの傾向が分かるのが重慶大厦ならではの面白さで、携帯電話の輸出が流行していたときもあれば、スーツケース販売が流行るときもある。「ここでどんな店が多いかを見れば、香港が今どんな傾向なのか、だいたい分かるんです。たとえば香港は昔、貿易がすごく盛んで、外国は、中国とビジネスするなら必ず香港を経由していた。そのときは重慶大厦でもみんな貿易をしていました。それから、ビジネスの形が貿易から金融にシフトした。だから今は重慶大厦に両替店がいっぱいですよね（笑）」。

　2人の息子を持ち、ひとりは店「坤利行」を手伝ってくれている。デモで売り上げは減ったが、家賃の心配はないので当面はなんとかやっていける。まだ中国に戻る気はなく、しばらくは香港で店を続けるつもりでいる。

AHMAD ALVI (35)

旅行代理店経営　香港出身

44年前から重慶大厦にオフィスを構える、老舗の旅行代理店の2代目。先代にあたる父親の跡を継ぎ、18歳からこのビジネスを始めた。

香港で生活するようになったのは祖父の代から。1940年代に祖父が警察としてパキスタンからはるばるこの地にやって来た。「そのころ、イギリス軍はパキスタンからたくさん人を集めました。パキスタン人は背が高いし、体が大きいからね」。その後、警察を辞めた祖父は香港に留まり、昼は観光客向けのスーツを作る仕事、夜は日本企業のラジオ製造工場で働き始める。香港の景気が上向くと感じた祖父に呼び寄せられた父は旅行会社に就職。そのうちパキスタン人のための旅行会社を始めたいと思い、会社を設立した。当時はパキスタン人に向けた旅行会社は「全然なかった」という。やがて自身が跡を継ぎ、旅行会社「ALVI TRAVELS」の2代目として、毎日45分かけて東涌から重慶大厦に通う日々を送っている。

重慶大厦で働くことは「ベリーイージー」。今は旅行者もネットでチケットを購入できる時代。その影響はあるが、「真面目で本当の仕事をしているなら問題はありません。偽物を扱っていれば、最初はいいかもしれませんが、その後にバレて、落ちますから」。デモの影響で売り上げが半分程度に落ち込んだが、再び景気はよくなるはずと信じている。

「重慶大厦の面白いところは、2つの顔があることです。朝9時から午後6時までは良い顔。真夜中は危なくなります。ドラッグや水商売の問題、喧嘩もあります。昼と夜では別の顔があり、人によっては言葉遣いも変わります（笑）。だからこそ、重慶大厦は面白いと思います」

Winnie (48)

レストラン経営　フィリピン出身

　重慶大厦 G/F の B 座で西アフリカ料理
のレストランを経営している。オープン
は2013年。重慶大厦を選んだのは、ゲス
トハウスに多くの人が集まるし、仕事で
来るアフリカ人も少なくないから。当然、
客のほとんどはアフリカ人。わざわざ遠
方から食べに来る客も多い。

　単身、香港にやってきたのは18歳のと
き。「フィリピンでは大学を卒業しても仕
事がないし、あっても給料は少ないんで
す。だから一人で香港に来たんです」。香
港で暮らすうち、教会で出会ったナイジェ
リア人の夫と結婚。結婚後は夫が料理を
作り、自身はレストランの管理を担当して
いたが、景気の悪化に伴い夫が外に働き
に出たため、自らがコックとして腕を振
るうようになった。提供するのは、ナイ
ジェリアのスープなど、本場の人間が食
べる西アフリカ料理。「中環(セントラル)辺りでもアフ

リカ料理が食べられるレストランはある
けど、そういう店とはちょっと違ってい
て、地元の料理を出しているんです」。店
にメニューがないのは、出さなくても「み
んな分かるから」。オープンは午後6時か
らと遅め。朝の4時から5時ごろまで営業
し、客がいなくなったらクローズする。

　重慶大厦は「小さな村」のように感じ
ている。「毎日必ず何かが起こるから面白
いですね。毎日違うことがあるから(笑)。
アフリカ人、インド人、パキスタン人
……小さい村みたいで、毎日何かしらの
出来事があります。日曜の夜は人を集め
て歌ったり、踊ったりもしています」。

Balli (52)

インドレストラン経営　インド出身

　重慶大厦で2軒のインドレストランを経営している。

　もともとは、母国でインドの品物を香港へ輸出する仕事をしており、そのころから香港に店を出すことを構想していた。そのため、香港に移り住んだときもレストランではなく、まずは輸入関係の事務所を構えた。その後一念発起し、約20年前にインドレストラン「SARAVANA」を重慶大厦にオープン。家賃は高かったが、世界中の観光客が大勢集まることに魅力を感じた。その後、30年前から営業している老舗店「Swagat」を1年前に前のオーナーから引き継ぎ、現在は2店のオーナーとして、地元の香港人や観光客に本場のカレーを提供している。シェフ以外のスタッフは全員家族というアットホームな環境で、日本人客も多く訪れるという。

　商売は順調で「重慶大厦でビジネスをするのは楽しいですね」。重慶大厦には競合となるインドレストランが多いが、「レストランの人はみんな知り合い。みんな友達だから、ノープロブレムさ。お互いさまという感じだよ」。

張嘉源（32、写真右）

管理事務所秘書　香港出身

　母親が重慶大厦の一室のオーナーで、幼少のころからこの場所で育った。重慶大厦に関わるようになったきっかけは、大学生のころに催された、重慶大厦の50周年記念イベント。このとき、イベントにまつわるさまざまな活動を手伝ったことで重慶大厦との関わりが深まり、イベント終了後もビルの手伝いを続けるように。そして2011年には正式に重慶大厦の管理事務所で働き始めることとなる。

　現在、管理事務所はマネージャーの蔡澎澎（写真左）ら45人ほどのスタッフによって運営されている。ビルの管理や清掃からセキュリティーまわりまで、役割は各々で異なる。張嘉源の肩書は「秘書」。世界的にも有名なビルである重慶大厦にはメディアや香港の学校などからの訪問が多く、ときには映画の撮影も行われる。そうした諸々に、窓口として対応するの

が主な役割だ。また、マンションのオーナーによって構成された法人グループの秘書として、会議に出席することも仕事のひとつである。

　重慶大厦は、国籍も人種も異なるさまざまな人々で構成された集合体。多国籍ビルならではのコミュニケーションの苦労もときにはある。「ときどき頭が固い頑固な人がいて、何遍話しても通じなくて、うーん、と思うときもあります」と苦笑する。特殊なビルならではの気苦労は多いが、外部とのパイプ役という仕事には面白みも感じている。「小学生や幼稚園の生徒が来ることもあって、幼稚園の子どもたちには『インドのお店に入って英語で簡単な質問をしてください』など、小さな任務を与えたりするんです。そんなふうにいろいろなお客さんが来ることは、とても面白いですね」

劉鳳雲 (74)

ゲストハウス経営　中国（上海）出身
重慶大廈業主立案法團　副主席

　古くから重慶大厦を見続けてきた、生
き字引的存在でもある。

　同じく上海出身の夫の両親が重慶大厦
のオーナーで、義母は1962年に香港に
移り住み、重慶大厦初期に3階にあった
名の知れた中華料理店で働いていた。そ
うした縁で、自身も70年代に夫と香港
へ移住し、1979年にゲストハウスの営
業を開始。わずか6部屋からのスタート
だった。1984年ごろから部屋を少しず
つ買い足し、徐々にゲストハウスを拡大。
現在は40もの部屋を持つまでの規模に
成長した。夫には9年前に先立たれたが、
今も重慶大厦内の自宅に住み、ゲストハ
ウス経営を続けている。

　ゲストハウス「新國際賓館」は4万香
港ドルかけて設置したCCDカメラによ
る強固なセキュリティーが自慢。自宅に
備えられたモニター画面のほか、スマー
トフォンでもリアルタイムで宿の様子を
見ることができるため、「どこにいても、
海外にいてもこのゲストハウスの状況は
全部分かるんです」。その言葉どおり、と
きには重慶大厦を飛び出し、世界中を旅
してまわる。実は先日も2カ月間、息子
と娘が住んでいるカナダに遊びに行って
きたばかり。カナダの娘は2人の子ども
をブリティッシュ・コロンビア大学に通
わせながら、ネットを介してゲストハウ
スの管理を手伝ってくれている。

重慶大厦内の自宅。広いリビングにはモニターが設置されているため、家にいながらゲストハウスの様子を
リアルタイムで把握できる。寝室はネイザンロードに面しており、眺めは抜群だ。

Abacha（42）

洋服店経営　ガーナ出身

香港に来たのは 2004 年。重慶大厦に来る前は、母国
ガーナでやはりアパレル販売の仕事をしていた。「ここ
に来れば、世界中の人々と簡単に会えるからね」。

Fida HUSSAIN（40代）

両替店　国籍不詳

重慶大厦 G/F の中央付近、多くの人が行き
交う好立地に店を構えている。重慶大厦を
選んだのは、両替ビジネスが有名だから。
同業者も多く、競争は激しいが「みんな公
平で競争するならいいんだ」。東京が好きな
ので、店名も「TOKYO　BiZ」に。そのお
かげか、最も多い客は日本人だという。

SK.ANSAR（34）

ホテル紹介業　インド出身

香港に来たのは 2008 年。はじめは観光客だった。そ
の後香港で仕事を探し、重慶大厦で観光客に宿を紹介
する現在の職に就いた。部屋を紹介すると契約してい
る宿からコミッションが支払われる。「コミッションが
いくらか？　それは言えない」。仕事は昼の 12 時から
夜 8 時まで。荃湾にある部屋から重慶大厦に通う日々
を送っている。

第四章

重慶大厦の夜

——日中は喧噪を極める重慶大厦だが、店にシャッターが下りる夜には別の顔が浮かび上がる。夜の重慶大厦と、ビルの治安維持を担う〝心臓部〟の姿に迫る。

真夜中の重慶大厦

深夜の重慶大厦は、昼とはまた別の顔を見せる。日中の喧噪は鳴りを潜め、23時半を過ぎるとビルの入り口にシャッターが下り、人ひとりが通れる程度の小さなゲートのみが人の行き来を可能にしている。ビル前の客引きもごく一部を除いてみなどこかへ霧散し、ときおり深夜に到着した旅行者や暇を持て余した物売りが前を通り過ぎる。

深夜、ビル内で営業しているのはごく少数のカレー店とアフリカ料理店だ。入り口から G/F 奥へ向かうと、店頭に出した簡易イスに腰かけて仲間内で談笑するインド系の人々の姿が目に入る。

さらに、端の通りで営業しているアフリカ料理店の前を歩くと、スピーカーからは爆音のヒップホップが響き渡り、通路に用意されたテーブルで遅めの食事とアルコールを楽しむ人々の姿を目にすることができる。昼の外向きの、旅行者に見せるそれとは異なる重慶大厦の顔がそこにある。

昼間は大勢の人でごった返す重慶大厦の入り口も、深夜になると数人がたたずむのみ。

重慶大厦の脇道にある入り口のひとつ。さまざまな配線が剥き出しで張りめぐらされている。

重慶大厦内の階段。エレベーターを使用する人
がほとんどなので観光客の姿はあまり見ない。

重慶大厦の治安

重慶大厦はその独特の猥雑な雰囲気と複雑な構造から、個人の旅行記などではときに「魔窟」「混沌」「異界」といった言葉で表現される。なにしろ内部は迷路のように入り組んでいるうえ人口密度も頗る高く、全貌が把握しづらい。外から見えるほとんど唯一の部分である玄関口には安宿や飲食店の客引きが門番のように観光客を待ち構えており、香辛料が香る狭い通路を歩けば、四方八方から SIM カード売りの声が容赦なく追いかけてくる。前出の単語はいささかオーバーな表現ではあるが、このエキゾチックで怪しく、カラフルでエネルギッシュな雰囲気は重慶大厦の特徴であり、一方で未体験の旅行者には足を踏み入れることを躊躇させる一因となっているのかもしれない。

また、かつては麻薬や売春、強盗などの犯罪も横行していた時期があったといい、そうした昔の「ダーク」な側面もこのビルのイメージ形成に影響を与えていることは想像に難くない。実際、地元香港人でも「ちょっと危ないエリア」と捉え、近寄り難いイメージを持っている人もいるという。

そうしたダークなイメージについて、張嘉源氏は重慶大厦を舞台にした香港映画『恋する惑星』の影響があると指摘する。実際にどの程度まで「ダーク」なのかを外部の旅行者がその実態を正確に把握することは難しいが、張嘉源氏は「普通の人にとっては、このマンションは安全」という。一方では同ビルでビジネスを手掛ける別の人間からの「真夜中は危なく、昼と夜では別の顔があります」という声もあるが、後述するようなセキュリティーカメラの存在などの効果もあり、自衛意識は必要だが、少なくとも旅行者として飲食や宿泊を目的に訪問するぶんには過剰に心配するほどではないと思われる。

重慶大厦における犯罪で、最も多いのは万引きだという。「ゲートがなく自由に出入りできるゲストハウスもあるので、万引きは少し多いかもしれません」。また、G/F を散策していると、ときおり大声で怒鳴り合う姿を目にすることがある。店同士の利益を巡る言い争いの場合もあれば、客引きと観光客の罵り合いのときもある。こうした喧嘩がしばしば散見されるのも、重慶大厦という異なった文化圏のさまざまな人種で構成されている複合ビルのひとつの特徴と言えるのかもしれない。

重慶大厦はときおり、かつて同じく香港に存在していた九龍城砦にその姿を重ねられることもある。だが「九龍城は特別な時代に生まれた特別な場所。今はそういう場所はありませんし、そこにいた人たちが重慶大厦に移ったこともありません」と張嘉源氏は言う。マフィアの存在についても「マフィアとは全然関係ないです。管理事務所もあり、警察も来ますから」と否定している。なお昔は、尖沙咀には複数のナイトクラブがあり、水商売に精を出すマフィアグループが存在していたが、時代の流れとともに徐々に消えていったということである。

管理事務所とセキュリティ・カメラ

重慶大厦の治安維持を一手に引き受けているのは、A座3階にオフィスを構える管理事務所だ。

「MANAGEMENT OFFICE」と書かれたドアを入ると、オフィスの壁をL字に覆うように大小20以上のモニターがびっしりと設置されており、ビル内に325個あるという監視カメラによる映像が映し出されている。

カメラが初めて設置されたのは1998年のことで、当時はわずか10台ほどだったという。もともとはビルとビル周辺の治安改善を目的として重慶大厦内のエレベーターを中心に取り付けられたが、徐々に設置場所を増やしていき現在の形になった。もちろん325個のカメラすべてに専用のモニターを用意するわけにはいかないので、1階など特に人が集中する重要度の高いエリアの映像は、画面が4分割されたひとつのモニターでチェックする。人影の少ないエリアは、画面を16分割したモニターに順番に映すことで対応。カメラの映像はビルの治安を担当する警察チームも定期的にチェックしている。

こうした監視カメラの存在により、地元警察との結びつきも強化され、過去に横行していた麻薬の製造や売春、強盗などの犯罪は激減したという。

重慶大厦入り口の真裏の路地。
夜には大量の廃棄物が集まる。

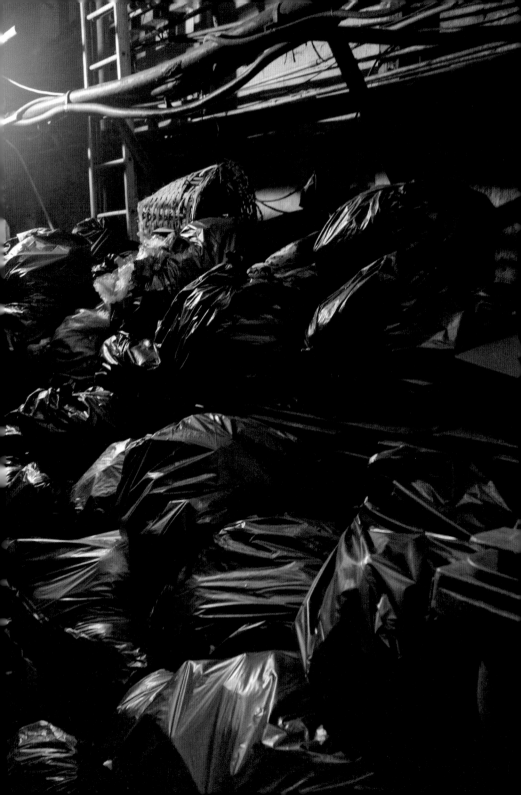

重慶大厦の旅人

第五章

世界中から旅行者が集まる重慶大厦。人種や国境を越えて、なぜこの巨大複合ビルは人々を惹きつけるのか。旅行者に重慶大厦の魅力を尋ねた。

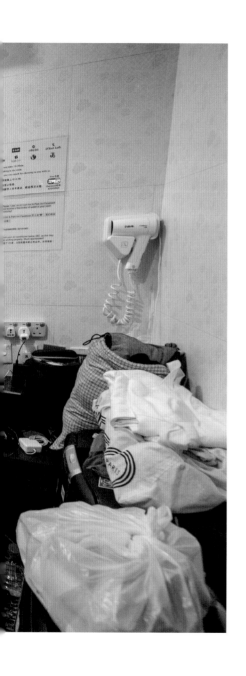

IT 企業勤務

27 歳　フランス出身

　普段はオーストラリアに住み、IT 企業でプロジェクトマネージャーを務めている。「フランスを出たい」という思いから、まずはニュージーランドに移り住み、その後オーストラリアで仕事を見つけて今に至る。

　香港に 1 週間滞在した後は、仕事で新しいプロジェクトが立ち上がるため、シンガポールへ行く予定。そこで 2 年ほど働くことが決まっている。香港には彼氏と一緒に来ているが、彼氏はほかに用事があるので、それが済むまではひとりで観光。「今日はビクトリアピークに行ってきたの。景色が素晴らしかったわ！」

　宿泊しているのは重慶大厦のゲストハウス。尖沙咀の安い宿を探していたところ、アクセスが便利な重慶大厦に目を付けた。選んだゲストハウスは、サイトで調べて口コミが好評だったことが決め手になった。

　重慶大厦には「ベリーナイス。部屋もとてもキレイだし、便利で分かりやすいですね」と良い印象を抱いている。ただ、不満もひとつだけ。

　「入り口で客引きの人がたくさんいて、それはちょっと良くないかな。ほかは十分いいところだと思います」

ロジスティクス企業勤務（左）

26歳　メキシコ出身

メキシコ料理店勤務（右）

31歳　メキシコ出身

　メキシコ出身で現在はアメリカのマイアミで暮らす夫婦。1カ月にわたる旅行中で、香港に来る前はロシア、北京を見てまわった。香港には2日間滞在し、これから日本へ行くつもり。日本で3日間東京を観光した後はバリへ向かい、それからシンガポール。旅の終着点はインドで、そのあとマイアミに戻る予定だ。重慶大厦に来たのは、宿代が安く、立地もいいから。「これまでの旅で、ここ香港が一番良かったね！」

ダンサー

左：30歳、右：24歳　ウクライナ出身

　この日香港に着いたばかりのカップル。職業はダンサーで、ダンスの仕事で上海に滞在したのち、ウクライナに戻る前に乗り換えで香港へ。翌日の朝6時の飛行機で国へ帰る予定で、重慶大厦には両替目的でやってきた。「香港は、上海とはだいぶ違うね。上海では英語が喋れる人はあまり多くなかったからコミュニケーションが難しかったけど、香港ではみんな喋れるから」

IT 企業勤務

34 歳　ブラジル出身

　２週間の一人旅の途中。香港にはこの日到着したばかりで、昨日まではタイを旅していた。香港を出た後はマカオへ行く予定。そしてフィリピン、韓国と飛び回り、再びタイに入って国へ戻る。重慶大厦に来たのは、宿が安かったから。ゲストハウスは予約サイトで押さえた。重慶大厦の感想は「ちょっと汚くて、あまり好きじゃない（笑）」。

無職
24歳　ベラルーシ出身

　同じくベラルーシ出身の夫と結婚したばかりで、今はハネムーンで世界中を回っている。これまでにポーランド、オーストリア、スペインなど7カ国を回って、香港には14時間に及ぶ長時間のフライトの末、今日ようやく到着したばかり。ここに2日間滞在した後、次はロシアへ向かう予定だ。重慶大厦に来たのは、香港で働いているベラルーシ人の友達と合流するため。とにかくあまりにも長いフライトでくたくたに疲れているので、重慶大厦については「狭いし、人が多いし、暑いし、汚いし」で、あまり良い印象を抱けていない。

元クルーズ船スタッフ
左：30歳　セルビア出身
右：30歳　メキシコ出身

　以前はマイアミからバハマへ行くクルーズ船で働いていたという2人。同じ船で働いていたときに出会って、結婚した。現在は2人で気ままに世界中を旅しているところ。「好きな国が見つかればそこで仕事を探して、働いて。仕事がなければまた別の国に行って……という感じだよ」。

　香港には2日前に到着。前は深センに2年間滞在していた。香港はこれまでにも何度も来ているから、今回は5日間だけの滞在。本当は次にインドへ向かうつもりだったが、ビザの問題でミャンマーへ変更し、今はビザの発給を待っているところだ。昨夜は近くのお気に入りのジャズバーで痛飲したので、今夜はゆっくり休むつもり。

　香港ではいつも重慶大厦の宿に泊まっている。今回の宿は、宿泊予約サイトで探した部屋で、一泊110香港ドルだった。「なぜ重慶大厦に来るのかって？　ここは部屋が安いし、面白い場所だから。ここではいろんな国の人に会えるからね」

フライトアテンダント
左：35歳、右：35歳 ロシア出身

　ロシアから仕事で香港へ来て、友達同士で3日間の休日を満喫しているところ。宿泊しているホテルは旺角にあり、重慶大厦には両替目的でやってきた。香港にはこれまでに10回も来ているが、重慶大厦に来たのは今回が初めて。いつもは空港で両替しているが、「ここに来れば、両替のレートがいいと思って」。

船員

左：25歳　デンマーク出身、右：25歳　インド出身

　荷物を運ぶコンテナ船で働く仕事仲間。以前は中国を船で回っており、香港には今日着いた。2人が乗船している船が近くのオーシャンターミナルに停まっているため、重慶大厦を「ちょっと見物」にやってきた。今夜はまた船に戻って眠る。

アマチュアホッケー選手
左：62歳、中：67歳、右：52歳　オーストラリア出身

　同じホッケーチームの3人組。香港に今朝到着したばかりで、一泊してカナダへ向かう。カナダに行くのは、バンクーバーで開催されるアマチュアホッケーの大会に参加するため。「アイスホッケーじゃなくて芝の上でやるホッケーだよ。世界中のいろんなチームが集まるのさ」。11人のチームで、ほかのメンバーは別のルートでそれぞれバラバラにバンクーバーを目指している。重慶大厦に来たのは、両替のため。宿はここではなく、シェラトンにとっている。

大学生
左：21歳 オランダ出身、右：22歳 ノルウェー出身

　ともに母国と深センの大学の交換留学生。大学で出会い、仲良くなった。香港では2日間遊ぶ予定。1人は重慶大厦のゲストハウスを予約しているが、もう1人は急に来ることが決まったので、これから別のホテルにチェックインするつもり。今日の予定はまだ決めていない。

　重慶大厦は「いろいろな国から来た人が見られるのが面白いです。世界中から人が集まっているみたい」。

31歳　バリスタ

韓国出身

　香港は2回目。前回初めて訪れて好きになり、今回は趣味の写真の撮影目的で来た。コーヒー好きが嵩じて、韓国ではカフェでバリスタをしている。カフェの勉強のため、日本もときおり訪れる。「日本はカフェの種類が、韓国よりいろいろあるので」。流暢な日本語は勉強の賜物。下関の寿司が好きで、来週また遊びにいくつもりだ。泊まっているのは重慶大厦ではなく中環のホテル。重慶大厦に来たのは撮影のためで、「雰囲気がいいので、撮りたくて。中はちょっと怖いですけど（笑）」。ほかにトラムや街並み、夜のネオンなどを撮って回っている。

第六章

重慶大厦の天景

重慶大厦には旅行者が許可なしには立ち入ることができないスポットがいくつか存在しており、Ａ座から上がれる屋上もそのひとつ。屋上風景を撮影した。

屋上へ上がるはしご。普段は蓋が閉じており、管理
事務所の許可なく上がることは禁止されている。

屋上から見た風景。左手にはザ・ペニンシュラ香港も見える。

屋上からみた B〜E 座

おわりに

初めて重慶大厦に足を踏み入れたのは2001年のことだった。アジア各国を回る旅の途中で、少しでも安い宿をとたどり着いたその雑居ビルは、香辛料の香りと喧噪、そして世界中から集まった人々の熱気に包まれ、なんとも妖しい魅力に満ちていた。香港の繁華街にあって、どこか違う国にいるような不思議な感覚。ほかに似たような場所を挙げるならタイのカオサンあたりだと思うが、とにかくその猥雑で多国籍な空間に、妙に心惹かれたことを憶えている。いくら待っても全然降りてこないエレベーターには閉口したけれど。

以来、自分にとって重慶大厦は気になる存在であり続け、とうとう今回このような写真集を作ることになった。最初に企画を出したのは2017年ごろで、たしか前著の打ち合わせをしていたとき、何気なく前々からぼんやり考えていたアイデアを口にしたことがきっかけだったと記憶している。その後、前著の完成を待って本格的に取材・撮影を始めたのが、大規模デモが本格化し始める2019年5月のこと。それから7月、9月とデモ真っただ中の時期に香港に通い、それぞれ1週間程度滞在して写真を撮り、働く人々や旅行者たちに話を聞いた。思えば発案してから約3年が経っており、ずいぶんのんびりしたものだと我ながら呆れるが、とりあえずこうして完成したことに今は胸を撫でおろしている。湿度の高い真夏の重慶大厦の寝苦しい夜も、今となってはいい思い出……とは言えないが、楽しい日々だったことは間違いない。

取材では、本文中にも登場する、重慶大厦業主立案法團秘書の張嘉源氏とマネージャーの蔡澎澎氏に大いに助けられた。2人の助力がなければ、たぶん本書は完成しなかった。さらに、訳の分からない日本人ライターの妙な取材に嫌な顔もせず同行してくれた通訳のナンシーさんの存在も大きかった。また、いつもながら超スローペースな進行に辛抱強く並走してくれた編集の権田さん、何より突然のお願いにも関わらず取材を快諾してくれた重慶大厦で働くみなさん、旅行中にも関わらず質問に答えてくれた旅行者のみなさんに心から感謝したい。またいつの日か、重慶大厦で。

ご存じのように、香港はいま重大な局面を迎え世界中から注目を集めている。世界規模で深刻な事態を引き起こしている新型コロナウイルスの影響もあり、のんびり撮影していた1年前には到底想像もできなかった状況だ。次に訪れることができる日がいつになるのか、これを書いている段階ではまったく見通しが立たないが、事態が収束し、その日が一日も早く訪れることを願っている。そして同じように一刻も早く香港に行きたいであろう読者のみなさんに、本書で少しでも現地の匂いを届けることができれば幸いである。

2020年9月　河畑悠

著者紹介
河畑悠（かわはた・ゆう）
1979年生まれ。大学卒業後、業界紙記者や情報誌の編集などを経験。
現在はアジアやエンタメ関連を専門にライターとして活動中。著書に『東
京のディープなアジア人街』『街角の昭和遺産』（小社刊）。

重慶大厦百景

2020年10月22日　第1刷

著　者　　河畑悠

発行人　　山田有司

発行所　　株式会社　彩図社
　　　　　東京都豊島区南大塚 3-24-4
　　　　　ＭＴビル　〒170-0005
　　　　　TEL：03-5985-8213　FAX：03-5985-8224

印刷所　　シナノ印刷株式会社

URL https://www.saiz.co.jp　Twitter https://twitter.com/saiz_sha